AF212282

Luis
Díaz

HOMBRES CON UN DIENTE DE LECHE

Luis
Díaz

HOMBRES CON UN DIENTE DE LECHE

Hombres con un diente de leche
Luis Díaz

◆

Colección: Letra Bastarda, 40
Primera edición: noviembre 2025

◆

◆

Dirección editorial: Ángelo Néstore
Diseño: Martín de Arriba
Maquetación: Letraversal
Ayuda a la edición: Noa González Sirgado

◆

ISBN: 978-84-128275-8-3
THEMA: DC DCF
Depósito legal: MA 1316-2025

◆

Impreso en España por Safekat · *Printed in Spain*
Bajo el cuidado de Rubén González Domínguez

◆

◆

LETRAVERSAL
www.letraversal.com

A Luis, mi padre.
A Luis, mi abuelo.
Y a su escasa capacidad a la hora de poner nombres.

quiero tumbarme en tu tripa como un animal enfermo
oler tu pecho lamer tus pezones quiero que me cuides
que me des la paga que me limpies las axilas la cera de los
oídos que nunca tenga que hacer una factura que nunca
me dejes tus camisas en herencia todas me quedan gran-
des quiero saber a qué huele un campo de trigo a qué la
leche agria que bebo de tus manos

Somos una estirpe de hombres con
la lengua pegada al paladar

estoy en el patio con mis abuelos y leo:

Todo pasa.
La realidad transcurre
Como un pájaro alegre [1]

ella (mi abuela) es un jarrón vacío flores secas él (mi abuelo) se levanta con cuidado y coge una rosa para ella (mi abuela) es uno de esos días claros luz aire fresco y pienso: para qué tanta belleza si no nos vamos a acordar para qué tanto esfuerzo si:

Todo pasa.
La realidad transcurre
Como un pájaro alegre [2]

---

[1] Aleixandre, V. (1954). *La destrucción o el amor.* Buenos Aires, Argentina: Editorial Losada.

[2] *Ibíd.*

siempre me dicen que voy a engordar como mi padre que él también era delgado a mi edad que podían rodear su cintura con una mano (como hacen conmigo) siempre me dicen que mi carne se va a desbordar por los lados a estallar a dar de sí pero yo les digo que no siempre les digo que no que yo voy a ser flaco como un galgo que voy a correr triste como un galgo nos imagino viajando en el 106 por carreteras comarcales sabéis de quién son todas esas tierras tierras secas en invierno tierras cubiertas por nubes grises tierras de las que nunca llegas a ver el final nos imagino viajando en el 106 un día dos días un año diez años llevamos diez años viajando por carreteras comarcales sabéis el nombre de lo que crece en cada campo sabéis dónde está esa encina vieja nos imagino viajando por carreteras comarcales mirando a través de la ventanilla soplando nuestras manos para darnos calor las nubes lanzan gotas contra los cristales nos imagino en el 106 la radio está apagada esa tierra era de un hombre que ya está muerto (asentimos) nos imagino viajando por carreteras comarcales hasta que llega el verano hasta que se pone todo verde hasta que se pone todo amarillo hasta que no quedan nubes en el cielo nunca quise la nariz de mi padre me miraba en los espejos buscando cambios como quien observa una flor esperando a que se abra esperan de ti que seas firme esperan de ti que seas capaz de levantarte cada madrugada a las dos en punto esperan de ti que tengas las uñas sucias esperan que asumas una mala cosecha con la resignación de los animales viejos esperan que asumas que la lluvia y el sol no van a llegar en su momento esperas el trigo y la cebada a veinte céntimos el kilo esperas las ayudas al campo de la unión europea como quien espera la lluvia y el sol esperan de ti que pierdas la cuenta de cuántas veces has cortado las hojas verdes de la parra seca esperan de ti que no calcules cuántos años te quedan de planear la siembra de recoger la cosecha mi semen huele a lejía pongo en google mi semen huele a lejía y me responde no te preocupes es normal que tu semen huela a lejía y me quedo tranquilo me miro las manos y el semen resbala por mis dedos se queda enredado en mi vello púbico y me limpio limpio el baño limpio la taza del váter limpio las baldosas limpio la junta de las baldosas limpio el espejo por delante y por detrás limpio las etiquetas de los botes de champú la suciedad de debajo de mis uñas también la limpio limpio detrás de mis orejas limpio mis tobillos limpio mi clavícula izquierda y ya estoy limpio por completo y todo huele a lejía como mi semen como mi cuerpo por dentro que es blanco inmaculado puro como el de un santo mi madre dice delante de toda mi familia que soy increíble que me sé todas las autopistas (me las tuve que aprender para un examen de conocimiento del medio) recito: a1 irún a2 barcelona a3 valencia a4 andalucía a5 extremadura a6 a coruña pero yo sé que no es suficiente mi madre me pregunta para qué quieres internet si ya tenemos una enciclopedia quiero internet para buscar en wikipedia coño cid campeador kazajistán y aprender cómo es un coño para descargarme del emule canciones aburridísimas de los beatles que no entiendo y meterlas en mi mp3 para descargar todo internet por si un día se acaba hasta que un día me bajo una peli porno sin querer un día me bajo otra peli porno sin querer un día me engancho al porno hasta que un día me descargo una canción aburridísima de los beatles y deja de funcionar el sonido del ordenador entonces ya no puedo escuchar canciones aburridísimas de los beatles y me paso las tardes buscando en wikipedia alejandro magno cunnilingus azerbaiyán y ahora ya puedo decir tranquilo: a1 irún a2 barcelona a3 valencia a4 andalucía a5 extremadura a6 a coruña y también puedo decir rodrigo díaz (1048-1099) fue un caballero castellano kazajistán (en kazajo: Қазақстан) es un país transcontinental con la mayor parte de su territorio situado en asia central y una menor (al oeste del río ural) en europa oriental [estas rimas internas se pueden encontrar en la página de kazajistán en wikipedia] también sé que los beatles tienen muchas canciones todas aburridas solo le gustan a la gente con muchos libros en casa y padres funcionarios capaces de gestionar sus emociones

este año tres hermanos se encargan de esquilar a las ove-
jas uno las tumba en el suelo dos les quitan la lana ese es
tu chico pregunta uno de los hombres sí dice mi padre sin
apenas mirarme las ovejas solo se resisten un segundo
antes de que les pasen la máquina tan sucias por fuera
blancas por dentro algunas huelen mi mano otras rehú-
yen las caricias

cuando te hagas viejo y no sepas cómo te llamas cómo
me llamo cómo poner la pasta de dientes en el cepillo de
dientes cómo cortarte las uñas de los pies cómo apartar
las zarzas con las manos cómo pelar una naranja cómo
hacer que las ovejas se arrodillen cuando te hagas viejo
voy a decirte te quiero todos los días para que todos los
días un desconocido te diga te quiero

mi abuelo no ha visto nunca el mar pero ha visto muchas
horas cmm tv en una silla junto a la chimenea sueña con
convertirse en el primer hombre de su pueblo en cumplir
los 101 años por eso desde hace mucho tiempo se alimen-
ta solo de raíces por eso cada día mastica con cuidado
usando sus encías huecas por eso se baña con leche tibia
y varón dandy mi abuelo puso la tierra y los animales a
nuestra disposición y lo único que espera ahora es que
a las dos en punto nos sentemos a comer y que no nos
dejemos nada en el plato

calculas los tres meses necesarios para volver a donar san-
gre tienes la intención de perder peso de sacar la sangre
mala me pregunto qué cuerpo ajeno contiene ese medio
litro te prometo que si lo necesitas buscaré a las personas
que recibieron tu sangre se la sacaré de las venas haré que
vuelva a ti te prometo que guardaré una muestra en el con-
gelador al lado de una bolsa de guisantes

la perra ha tenido cinco cachorros los mira con cuidado para que no se los quiten la perra es de color negro y cuando nadie mira puedes acariciarla cada día come trozos de pan duro y los restos de comida que entran en una bolsa de plástico la perra es negra y tiene una mancha blanca en la frente y cuando no se de cuenta le quitarán a sus cinco cachorros son muchos cinco cachorros y nadie quiere hacerse cargo de ellos son muchos para esta perra que es una perra pequeña buscarán una bolsa de plástico en la que entren todos y los tirarán al cubo de basura les darán golpes contra el suelo la perra es negra y tiene una mancha en la frente con forma de estrella y por eso a la perra la llaman estrella y desde ese día la perra buscará a sus cinco cachorros cuando le traigan los restos de comida cuando le hagan un agujero con los dedos en la bolsa de plástico y ella la abra como buscando a sus hijos

donde antes había un campo de girasoles ahora crece
una herida seca tal vez ya sea tarde para dar un paseo
cogidos de la mano para tener una conversación que no
trate sobre los resultados deportivos

a las ovejas hay que pegarlas porque cómo se puede ser tan tonta no sabes que si te abro la puerta tienes que subir la rampa moscas pegadas en las paredes olor a mierda dentro de las encías no sé si has tocado las ubres a una oveja son ásperas y están llenas de leche caliente y lo que hay que hacer es encender la ordeñadora y no dejar que se pierda ni una gota me cortas el pelo con rabia como esquilando a una oveja con una máquina oxidada arrancas cada folículo de raíz buscas en mi cráneo las señales de la sangre: la forma de la nuca lunares detrás de la oreja izquierda recoges el pelo dispuesto a agruparlo preparado para hacer alpacas de paja de pelo tieso de pelo duro como las espigas de pelo como el que tuvo la abuela hasta en los últimos días cuando lo único que podías hacer era acariciar su cabeza para que dejase de llorar cuando nuestros antepasados plantaron uno a uno cada esqueje no sabían que años más tarde nos costaría tanto agacharnos a recoger las uvas no sabían que desconoceríamos *por qué un corazón se parece tanto, tanto a una castaña* [3]

---

[3] Pichel, L. (2004). *El pájaro mudo y otros poemas*. Madrid, España: Universidad Popular de San Sebastián de los Reyes.

hombres ahorcados en las viñas se tumban en el suelo restriegan sus manos en la tierra roja de su pene sale una gota de semen: cae al suelo y florece la hierba de su pene sale otra gota de semen: cae al suelo y florecen sus hijos salen del centro de la tierra con los párpados manchados de barro con las uñas rellenas de barro con las líneas de las manos marcadas por la tierra ahora podrán leer su futuro con más claridad: a ti te toca trazar los surcos a ti podar la vid a ti vaciar la pala en la casa vieja había una palmera aguantó muchos años lejos de bosques lluviosos y desiertos se la veía asomar por el muro del patio alta seca y despeinada soplaba el viento y se movía paraba el viento y ella también nadie le hacía caso y eso que cerca no había más palmeras un día se partió el tronco estaba podrido podría haberse evitado todo el mundo sabía y sigue sabiendo que la palmera se partió no porque estuviera enferma la palmera se partió porque no podían sacar nada de ella

Soy su carne, ahí pertenezco
Puede amarme sin reserva
SHARON OLDS

mi padre fue incapaz de enseñarme a montar en bici de enseñarme los gestos que no se olvidan cómo hacer la señal de la cruz cómo ser un hombre tampoco me dejó ganarle nunca al ajedrez porque sabía que los hijos no son mejores que los padres solo cometen errores más grandes porque sabía que los hijos no pertenecen a los padres pero los padres pertenecen a los hijos primero cae un chorro dentro del cubo oxidado luego se va llenando poco a poco con la sangre de un cordero el domingo nos comeremos su carne paseamos entre ovejas y la mierda de las ovejas el cordero se ha quedado colgando bocabajo después de soltar la última gota mi abuelo me pasa la mano por el hombro me promete que todo esto será mío: las tierras los animales que tengo que seguir con el trabajo que ellos empezaron cuidarlo para que de la sangre crezcan amapolas los corderos no se extinguen aunque nos comamos su carne pero nosotros sí que vamos a dejar de existir y ya no habrá más hombres con tierras y ovejas y todo en lo que ellos han trabajado con sus manos se quedará seco o mejor: crecerá y se llenará de hierbas y de raíces o más posible: montarán una autopista encima y pondrán bloques de ocho pisos que darán sombra por las tardes

los chicos que siempre quise ser

te acuerdas de ese chaval que se comió un tripi en mal estado y creía que vivía en un cacahuete que dicen que todavía sigue pensándolo hace poco me contaron una historia parecida sobre un tío que comió setas pero este no creía que estaba en un cacahuete

te acuerdas del chico que se metió en una pelea y le dieron una paliza terrible y se intentó esconder debajo de un coche y le sacaron a rastras y le siguieron pegando hasta dejarle la cara irreconocible y tuvo que estar años comiendo con pajita esperemos que no fuesen de plástico sino de metal o al menos de esas enroscadas tan graciosas

te acuerdas del que salió de fiesta por gandía y le sentó mal el alcohol o la marihuana o el eme o la coca y cuando llegó al apartamento que tenía alquilado empezó a vomitar y a cagarse encima con la cabeza en el bidé y el culo en la ducha y cuando me lo contaron me dio risa pero la verdad es que lo tuvo que pasar fatal

te acuerdas de ese que se durmió el día de selectividad y fingió un accidente de coche para que le repitieran el examen de economía y estampó su coche con el de un amigo para que fuese más creíble e hizo todo el papeleo y dio parte con la pereza que dan esas historias

te acuerdas del que iba a nuestro colegio que era el más popular de sexto b (cómo odiaba a los de sexto b) que llevaba coleta y se comía el postre antes que el primer plato (para disfrutar al máximo por si no llegaba al postre nunca) y la última vez que le vimos fue en la nochevieja de 2012 y nos intentó vender cristal y no sabía que nosotros

éramos (o eso creíamos) los más populares de sexto
a

te acuerdas de este chico que en el viaje de fin de curso
bebió tanto una noche que le dio un coma etílico y le tu-
vieron que poner la b12 y al día siguiente no pero al si-
guiente ya estaba bebiendo otra vez vodka knebep con
red bull hacendado

te acuerdas de ese que había estado en dos centros de
menores cuando llegó al instituto ya en bachillerato y un
día cogió el coche de otro chaval qué mal me caía ese otro
chaval y cogió el coche en la puerta del instituto aunque
él no tenía carné y lo estampó contra la farola de la puer-
ta del instituto y la farola cayó contra la verja y pasó como
un mes hasta que la arreglaron

te acuerdas de ese que decía que ligaba mazo que decía
que no le entraba la polla en el condón que un día estaba
en su casa con una chica y se pusieron a follar encima del
radiador de su cuarto y rompieron el radiador y empezó
a salir agua y se inundó la casa y fueron al cuarto de los
padres ya lleva dos años con esa chica lo pusieron el otro
día en facebook aunque ya nadie use facebook

te acuerdas de ese chaval que un día en el recreo los
pro-fesores le vieron fumando hierba pero creían que
era un cigarro y cuando le mandaron a secretaría se
puso ner-vioso tiró la hierba le pillaron llamaron a la
policía le lle-varon a comisaría pero un tío suyo era
poli y cuando le sacó sin multa ni nada le puso un ojo
morado y dejó los porros pero luego al mes o así volvió a
fumar

Mamá es una traidora papá [4]

vendió tu viejo peto vaquero ya no podré vestirme como tú hacerme una foto apoyado en un r5 con una cadena de oro al cuello

¿Es verdad que te morirás
este verano papá? [5]

[4] Zurita, R. (2012). *Zurita*. Salamanca, España: Editorial Delirio.
[5] *Ibíd.*

vamos a rezar un padrenuestro vamos a pelearnos por la herencia vamos échate limón en el pescado vamos a reconciliarnos por la herencia vamos a rezar un padrenuestro que estás en los cielos vamos a clases de inglés (our english is very bad) vamos a hacer los horarios quién cuidará de nuestros padres quién los llevará al especialista lunes cardiólogo martes oculista miércoles libre vamos a querernos siempre? vamos a aceptar que llevo muy mal los conflictos vamos a aceptar que llevo muy mal expresar mis emociones vamos a rezar este padrenuestro porque me has dicho que la comunión se hace por los regalos por la bici por la play 2 por el esto es fútbol 2004 que me regalan con la play 2 pero si rezamos de mentira no vamos al infierno? las mentiras piadosas no son mentiras las mentiras piadosas hacen felices a todo el mundo vamos a rezar un padrenuestro por el cristo de oro por el reloj casio por el trajecito de marinero por los sobres llenos de billetes mi tía (una vez) mi tía me regaló un juego de la play 1 era un juego al que solo he jugado yo y poca gente más estoy casi seguro muy poca gente no recuerdo el nombre del juego (un juego de carreras) pero podría buscarlo mi tía no era mi tía era la tía de mi padre era mayor y yo no sabía que ella sabía tanto de juegos de play 1 ni dónde lo consiguió no había tiendas de juegos cerca de su casa era un juego increíble y también difícil hace poco visité la tumba de mi abuela y de pasada la saludé era buena (mi tía) tenía diabetes y las piernas hinchadas los domingos preparaba un bizcocho con ralladura de limón pero ella no lo comía porque nunca le quedaba bien o no del todo bien todas tus hijas son socialistas porque no saben que cuando los rojos llegaban a la era debías esconderte en el sótano no saben que querían robarte el trigo y dos pesetas en las comidas familiares miras con resignación a sus maridos (todos socialistas) porque ellos tampoco saben lo que hicieron los rojos si te hablan contestas con monosílabos ahora presides la mesa piensas en la guerra en el hambre y evitas que sepamos que apartemos al padre del hombre al hombre de la cáscara somos una estirpe de hombres con un diente de leche (el colmillo superior derecho) esto según las leyes de la genética significa muy poco

Me da miedo crecer, me dan ganas de llorar
FERNANDO GÁLVEZ

he descubierto el miedo y es un puñado de uvas que limpias bajo el grifo de la cocina he descubierto que no todas las cosas crueles se hacen con crueldad he visto una imagen en mi cabeza era de un libro que tomé prestado y no devolví era un cordero que acude a chupar unos dedos manchados de sal ya lo sabes yo nunca dije: no sé qué reverencio pero lo hago con urgencia lo hago con dolor ya no cabe en mí la duda no entra dentro de mi cuerpo ya no temo ser el dueño de mis manos mi abuela me dice que siempre que sueña con niños pasan cosas malas mi abuela me confiesa que sus mejores amigas están muertas mi abuela me cuenta que en su tripa guardó un niño muerto de cinco kilos para parirlo tuvo que abrirse como una bestia en un establo ahora pasa el cristo por sus dedos limpios por la lejía y el agua caliente ha decidido no volver a teñirse porque a su edad ya no merece la pena ha decidido no volver a comer pescado porque en la tele han dicho que es peligroso

He soñado contigo esta noche
Manolo García en el coche
JUAN CECÍLIA RUIZ

tus manos agarran el volante una canción dice tengo miedo no lo oculto solo me queda tu amor viajamos al sur mientras soñamos con una vida de placeres con un hotel de tres estrellas dos piscinas y media pensión todos los lujos que imaginamos caben en un folleto de viajes marsans escucho tu llave en la cerradura sé cuando eres tú reconozco ese sonido me tenso como un perro que oye los pasos de su dueño en el pasillo y espero para darte un beso en la barba para poder observarte durmiendo en el sofá el día que mi padre me dijo te quiero no pude contestar nada no me salieron las palabras le envidio porque el abuelo nunca le ha hecho enfrentarse a ese momento

cuando el dial número cuatro era canal plus y el seis telemadrid

en la comida de los domingos no es pecado que los niños beban vino vino tinto mezclado con casera en un vaso sucio de fanta naranja los mayores dicen es una excepción dicen antes las cosas eran distintas los niños bebíamos en cada comida nos daban pan mojado en tinto y azúcar para merendar leche de cabra cuando nos dolía la tripa hígado de bacalao en un cucharita de madera para hacernos fuertes para que no nos faltase vitamina a vitamina d para que no nos faltase omega 3 para que nuestros huesos y articulaciones creciesen sin enfermedad para que fuésemos hacia arriba como los cipreses ahora todo es más fácil se puede elegir entre seis canales hemos decidido acumular mantas en los armarios vamos a la piscina en agosto y entre tanta variedad elegimos siempre el mismo helado ya no crecen margaritas en el jardín ahora nacen entre las grietas de la acera hemos descubierto que con el esfuerzo no era suficiente

en esta familia tenemos un historial médico en el que
abundan las mujeres con depresión y los maridos que
no escuchan que están demasiado ocupados mirándose
al espejo intentando sacarse los pelos enquistados de la
barba estos mismos hombres llegan a su vejez deseando
quedarse viudos pero cuando sus mujeres mueren se pa-
san lo que les queda de vida llorando se vuelven blandos
como peras podridas solo quieren que les cojan la mano
ahora que las tienen suaves ahora que ya no las usan para
trabajar

me pusieron unos zapatos que me hacían daño negros y brillantes sin calcetines yo era pequeño sin capacidad para el habla los zapatos retorcían mis dedos y la única opción para comunicarme y lograr que me los quitasen fue llorar un llanto desesperado que duró horas y horas esto lo sé porque me lo han contado no porque lo recuerde pero sé más detalles: era verano me dieron un trozo de sandía tras otro porque esa era la única forma de que dejase de llorar pensaban que tenía hambre hacía calor la sandía estaba fresca mi abuela tenía una verruga en la frente encima del ojo izquierdo era de un color rosado casi marrón y en el centro le nacía un pelo negro largo y tieso cuando la saludabas te pinchabas con él he buscado en google imágenes para recordar cómo era pero no encontré lo que buscaba aun así me han ofrecido 370 000 resultados en menos de 0,49 segundos es de agradecer toda esa información pero cuesta creer que no aparezca nada sobre el día en el que mi abuela se arrancó su verruga la metió en una caja de cerillas y nunca más la abrió a veces comprobaba que seguía dentro moviendo la cajita tampoco he encontrado nada sobre la espina que tenía mi abuela clavada en el costado pero dicen que estaba tan profunda que no lograba sacarla será todavía posible aprender a hablar y a moverse como los hombres? a temer solo a la lluvia?

cada noche mi padre se tumba en el sofá la cara roja por el sol la espalda ancha la barriga redonda el pecho peludo los tobillos desgastados por el roce de los calcetines en ese momento puedo observar cómo suelta un ronquido tras otro marcando el ritmo del universo

(un dos un dos un dos)

intento imaginar cómo será su ausencia

a mis amigos nunca les he dicho te quiero

Fuimo somo y seremo
una banda de amigo
que se mueve dacá parallá
MARIANO BLATT

pillamos cincuenta euros de hachís quedamos con el camello que es amigo del amigo del hermano de alguien le decimos ey qué pasa y nos dice ey qué pasa y ya con confianza nos fumamos uno (invitamos nosotros) salimos a la mañana siguiente a la playa llegamos a la casa y alguien dice ey un torneito de fifa y alguien responde ey venga dale echamos tres torneos fumamos seis despertamos a la mañana siguiente comemos macarrones jugamos al fifa salimos a la playa a las siete de la tarde bebemos cerveza en la playa volvemos a la casa merendamos sanwichito de nocilla zumito de naranja fumamos uno alguien dice ey un torneito de fifa y alguien responde ey mejor vemos la tele ponemos la mtv vemos jersey shore decimos los taxis están aquí decimos venga hoy salimos empezamos a beber pasamos todos por la ducha dejamos el baño lleno de arena agua crema solar desodorante axe calzoncillos usados pelos negros ponemos música (vacilar no es fácil alguien tiene que hacerlo[6]) andamos cuarenta minutos descubrimos que no queda hielo bebemos copas sin hielo en vasos de tubo de plástico tenemos ganas de vomitar pagamos veinte euros de entrada (dos consumiciones) vamos a un rincón no hablamos con chicas hablamos de la política fiscal de la unión europea (que es un desastre) porque se nos dan fatal las chicas pero más o menos

---

[6] Científico & The Smooth Operator. (2009). Alguien tiene que hacerlo. *Seguimos perdiendo* [CD]. Madrid, España:The Orchard Music.

bien las cosas que no sirven para nada andamos cuarenta minutos para volver al apartamento alguien dice ey esperad un segundo vomita entre dos coches nadie contesta despertamos desayunamos sanwichito de nocilla agua macarrones (no queda zumito de naranja) alguien dice ey un torneito de fifa alguien responde ey venga dale que llevamos mazo sin jugar fumo uno me entra la risa por un gol que entra después de rebotar en el palo en el larguero en la línea en el defensa de la juve alguien dice ey tengo hambre cocino macarrones nadie contesta se quema la olla comemos macarrones

al lado de la tele hay una foto en blanco y negro de mis bis-
abuelos gente que vestía de luto con las manos grandes
con la cara llena de líneas rectas qué quedará de nosotros
un perfil olvidado en un almacén de datos con sede fiscal
en california un montón de unos y ceros no habrá álbu-
mes que enseñar a nadie solo píxeles borrosos en panta-
llas de seis coma cuatro pulgadas en mi testamento voy a
pedir que guarden todo lo que subí a internet en un pen
drive y lo lancen al espacio para que una especie alianí-
gena lo encuentre y reconstruya la personalidad que me
inventé para impresionar a gente a la que no quería salu-
dar en la calle en mi testamento voy a pedir que guarden
toda mi información en un pen drive y lo entierren para
que dentro de doscientos años la gente del futuro piense
menos mal que ya no cometemos los mismos errores en
mi testamento voy a pedir ataúd cerrado y que una per-
sona desconocida lea un discurso que empiece diciendo
el día que le conocí estaba drogándose en el baño de una
discoteca para así arrepentirme menos de no haberme
drogado en el baño de ninguna discoteca en mi testa-
mento voy a pedir que limpien mi pecho que entierren mi
cuerpo debajo de una higuera al lado de mi padre y de mi
abuelo que nuestros cuerpos descompuestos sirvan para
alimentar las mismas raíces y que los pájaros se coman el
fruto de ese árbol cuando esté maduro

el abuelo me ha tenido que limpiar las lágrimas con un
pañuelo de tela con las cuatro esquinas llenas de mocos
lloro como si alguien me hubiera metido la tristeza den-
tro como si se me hubiera olvidado posponer la actuali-
zación y ahora tuviese que esperar mirando la pantalla

tener muertos en la familia te hace más sabio te da una mayor comprensión de la existencia que ya es una cosa compleja de por sí te da un conocimiento prácticamente infinito como si levantaras los ojos para mirar un trigal y al lado de ese trigal hubiera otro todavía más grande y más dorado por el sol

apuntes sobre las bocas

i

las bocas dan asco están llenas de heridas de pus de cos-
tras has visto las bocas de cerca te has asomado a la boca
de alguien los dientes empujan a otros dientes se caen
tienes que darles vueltas como si fueran los huesos de
una ciruela no quiero que nadie se acerque a mi boca

ii

voy a hacer que mi boca me devore por dentro que mis
muelas me coman voy a desaparecer como cuando do-
blas una pareja de calcetines o como cuando un agujero
negro absorbe todo sin dar explicaciones

iii

las lenguas son ásperas solo sirven para chupar las heri-
das que te haces con los cuchillos cada lengua debe estar
en su boca no quiero que ninguna boca me toque (solo la
mía) que mi boca me bese cada hueco que mi lengua me
limpie cada llaga que mis dientes muerdan mi carne

Ahora eres tú,
quien no está preparado para ser hijo
MIYÓ VESTRINI

es importante llevar una navaja en el bolsillo de la cami-
sa (cerca del corazón) para solucionar problemas como
pelar una manzana es obligatorio quitarle la piel como
si fuera un collar dar los mejores trozos y tragarse las se-
millas quiero saber si yo también nací para el sacrificio
si ofrecería mi carne a mis hijos mi leche a mis hijos mi
lana a mis hijos si les dejaría beber de mí como yo de ellos

lamo bloques de sal para calmar la sed amar es una marca de nacimiento en la espalda y pensar: si no la tuviese me la tatuaría advertencia: los niños que juegan con fuego se mean en la cama los niños que juegan con fuego tienen las pestañas rubias amar es estar en silencio en el mismo cuarto amar es obedecer las órdenes es morderse la lengua hasta que se caiga al suelo comérsela en menos de tres bocados amar es querer unas manos secas con nudos de roble

conocimos a un hombre que hablaba en una lengua ex-
traña tenía tatuajes por todo el cuerpo los brazos llenos
de arañazos un historial de semanas en la enfermería de
la cárcel sus manos grandes sin líneas podían envolver un
cuerpo la voz fina como un pájaro débil se alimentaba de
pan duro cigarros y cocacola zero un día dijo que su ma-
dre se iba a morir y que necesitaba volver a su lado para
sentarse junto a una cama vieja en un pueblo pequeño en
un país del este nunca más volvimos a saber nada de él
solo que cada dos semanas cambiaba su foto de guasap

el cordero ha nacido manchado de entrañas ahora tiene
que aprender a andar tiene que lamerse la sangre tiene
que saber que su madre nunca le dirá nada bello

nos duchamos juntos para ahorrar tiempo tu pene es como el capullo de una rosa que nunca florece mientras el agua sucia entra por el desagüe me pregunto: cuándo será el mío como el de mi padre cuándo me convertiré en un hombre de momento la única lección que conozco es la siguiente: debes echarte la piel hacia atrás (bien de jabón) debes evitar la visita al médico ese es el consejo más importante que puede darse a un hijo somos una estirpe producto del cruce entre la raza siria awassi y la alemana frisia oriental o milchschaf los hombres de verdad no bailan los hombres de verdad mean un chorro amarillo espeso (a veces mezclado con sangre) hacen un ruido terrible porque su orina cae directamente sobre el agua como si fuera una cascada los hombres de verdad no rezan no temen a la muerte (solo temen a la lluvia) los hombres de verdad se meten en peleas que van a perder solo para tener buenas historias que contar los hombres de verdad conducen de noche luces rojas miradas al espejo retrovisor los hombres de verdad acumulan dinero gastan dinero tú sabes por qué el hijo de tony soprano se intenta suicidar? porque nunca iba a ser como su padre tú sabes por qué edipo mata a su padre? yo no me lo he leído crees que debería hacerlo? tú sabes que los hombres de verdad podrían tumbar a otros hombres de verdad de un puñetazo y luego ser amigos los hombres de verdad beben para reconciliarse beben para vomitar beben para expresar sus emociones y al día siguiente hacer como que no pasa nada los hombres de verdad arreglan enchufes arreglan cisternas arreglan grifos arreglan lavadoras construyen su propia casa tienen hijos los ven poco los hombres de verdad están decepcionados con su vida los hombres de verdad miran las nubes y saben lo que va a ocurrir

yo no pienso estar eternamente en el mismo campo
como los olivos viejos (que nacen enfermos
    con costras amarillas en el tronco)
yo no pienso levantarme cada mañana para rajar la tierra

Un diente atado a una puerta y la puerta no se cierra

Cuando se te caen los dientes de leche, ya no hay marcha atrás. Hay métodos terribles para que te los quiten y entiendo que perderlos es uno de los infinitos umbrales por los que te obligan a cruzar para arrebatarte la inocencia. No estoy a favor de explicar los libros y me gusta que tengan una parte de misterio y ambigüedad. Pero entiendo que esta nueva edición lo pide y eso: todavía tengo un diente de leche. Es algo común en mi familia, aunque, que yo sepa, soy el único que lo conserva. El resto de dientes de leche que llegaron a la edad adulta fueron extraídos por dentistas que, sospecho, buscaban su propio beneficio económico.

Siento que este libro, o el proceso desde su primera publicación hasta ahora, ha sido como un largo período tocando un diente con la punta de la lengua, el diente se mueve, parece que se va a caer y sigues y sigues tocándolo hasta sentirte incómodo e irritado. En mi caso, mi diente de leche (el real) no se mueve, está firme y bien sujeto y el diente de no leche está por encima, esperando una oportunidad que nunca le va a llegar.

La lectura con la que me reencontrado, más de cinco años después, me ha servido para darme cuenta de que podía cambiar algún pequeño detalle y también existía la posibilidad de añadir algún texto nuevo. Los textos incorporados a esta nueva edición los pensé y pensé en mi mente en estos años, dieron vueltas y se enroscaron sobre sí mismos. Nunca dejas del todo de escribir un libro y lo poco que añadí ya estaba escrito de alguna manera, solo que no llegó a tiempo en ese primer momento. Porque en estos cinco años no paré de buscar con la punta de la lengua ese diente que siempre sentiré un poco moviéndose, un poco tratando de decirme cosas.

Maggie Nelson habla sobre esto y dice: «El placer de permanecer. El placer de la insistencia, de la persistencia. El placer de la obligación, el placer de la dependencia. Los placeres de la devoción normal. El placer de reconocer que es probable que uno tenga que pasar por los mismos procesos de comprensión, escribir las mismas notas en el margen, regresar a los mismos temas en el propio trabajo, volver a aprender las mismas verdades emocionales, escribir el mismo libro una y otra vez, no porque uno sea estúpido u obstinado o incapaz de cambios, sino porque esas revisitaciones son las que constituyen una vida». Puede que hagas el intento, que sientas que debes crear un amplio universo personal, propio y arrebatador, pero los temas de tu vida serán dos, tres, pero lo más seguro es que sea uno y que estés obligado a tratarlo en cada nuevo libro. Y no pasa nada.

Los temas de los que habla este libro no hace falta que los explique, porque están claros. Pero hay algo que no está en el libro, porque no tiene nada que ver con él, tampoco conmigo, pero es necesario para su existencia. Es la casualidad, el azar, esas cosas. Este libro, para ser publicado, ganó un premio. Podía no haber ganado y no haber sido publicado nunca y lo más seguro es que yo hubiera pensado que estaba bien así. Estoy convencido de que existe una infinidad de libros divertidos, bellos o proféticos que se quedan para siempre sin publicar, de que hay una biblioteca de libros que, simplemente, no tienen la suerte suficiente o no encuentran a las personas adecuadas para llegar al mundo. Y eso es una pena.

Creo que a este libro, mi primer libro, le deberé siempre más que a ningún otro porque me ayudó a pensar que podía escribir, que lo que pensaba podía tener interés para otras personas. Nunca me he sentido escritor, a lo mejor algún pequeño instante sentado delante del ordenador o leyendo para la gente, pero eso está bien porque no quiero ser escritor, quiero escribir, pensar en lo que voy a escribir y en lo que me interesa de escribir y, con un poco más de suerte, ver por dónde me lleva la escritura. Y diría que eso es lo más importante.

Luis Díaz
Agosto 2025

La primera edición de *Hombres con un diente de leche* se terminó de imprimir, por encargo de Letraversal, el 10 de septiembre de 2025. Ese mismo día de 2019 el poeta Fabio Morábito acababa su libro «A cada cual su cielo», donde reflexionaba sobre la ardua elección entre perder un diente o un buen poema y concluía: «Como los dientes, que trabajan en común pero duelen solos, que no haya una palabra de tus versos que no sepa a lo que escribas, ni un verso que, escogido a ciegas, no venga apalabrado».

◆◆◆